La guía estratégica de marketing interno para transformar a tus empleados

I0477858

PRESENTACIÓN

Bienvenido al comienzo de una transformación notable dentro de su empresa. Este libro, "**La guía estratégica de marketing interno para transformar a tus empleados**", es más que un manual; es una invitación a embarcarse en un viaje hacia la excelencia organizacional, el compromiso de los empleados y la construcción de una cultura laboral vibrante y positiva. Está a punto de descubrir cómo el marketing interno, un enfoque a menudo subestimado, puede ser el catalizador de un lugar de trabajo donde cada miembro del equipo no sólo aspira a dar lo mejor de sí mismo, sino que también se siente valorado, motivado y parte integral del equipo. éxito de la empresa.

En las siguientes páginas encontrará una refinada síntesis de los conocimientos tradicionales y modernos sobre marketing interno, todo presentado de forma práctica y accesible. Éste no es sólo un compendio de teorías; es una guía viva que da nueva vida a conceptos establecidos y los actualiza para el mundo en constante cambio de hoy. Al leer este libro, estará equipado con las herramientas y el conocimiento necesarios para desarrollar y ejecutar un programa de marketing interno eficaz, transformando a empleados desmotivados en una fuerza laboral comprometida y dedicada.

Desde la introducción al marketing interno estratégico, la comprensión de la raíz de la desmotivación en el lugar de trabajo, hasta enfoques innovadores como el marketing interno digital y la gamificación, cada capítulo ha sido cuidadosamente diseñado para guiarlo, paso a paso, a través del proceso de creación e implementación de estrategias. marketing interno eficaz. Este libro pretende ser su compañero en la promoción de una cultura organizacional sólida y un ambiente de trabajo positivo, donde se prioriza el bienestar de los empleados y la comunicación es la clave del éxito.

A medida que avanzamos de un capítulo a otro, se le recordará constantemente que el éxito de cualquier iniciativa de marketing interno comienza con la comprensión y la aplicación de los conceptos que analizamos aquí. Cada sección está diseñada no sólo para informar, sino también para inspirar acción y reflexión. Y al final de cada capítulo, una invitación a la siguiente etapa de su viaje, lo que garantiza una experiencia de lectura continua y atractiva.

Prepárate para descubrir cómo transformar tu equipo, promover un ambiente de trabajo más saludable y productivo y hacer de tu empresa un lugar donde todos quieran estar. **"La guía estratégica de marketing interno para la transformación de tus empleados"** está lista para ser tu aliada en este viaje. ¿Estas listo para empezar?

Tuyo sinceramente

Reginaldo Osnildo

INTRODUCCIÓN AL ENDOMARKETING ESTRATÉGICO

El endomarketing, o marketing interno, es una estrategia fundamental para transformar el entorno laboral e involucrar a los empleados de una manera profunda y significativa. Pero, después de todo, ¿qué significa realmente y qué importancia tiene para formar un equipo dedicado y motivado? En este capítulo, descubrirá exactamente eso, además de comprender cómo este enfoque puede marcar la diferencia a la hora de transformar a empleados desmotivados en una fuerza laboral vibrante y comprometida.

DEFINICIÓN DEL ENDOMARKETING

El marketing interno es una práctica que consiste en aplicar estrategias de marketing dirigidas al público interno de la empresa, es decir, a sus empleados. El objetivo es crear un ambiente de trabajo positivo, aumentar el compromiso y la satisfacción, promover una cultura organizacional alineada con los valores de la empresa y, en consecuencia, mejorar la productividad y los resultados del negocio. A través del marketing interno se comunican misiones, visiones y objetivos de forma clara, se reconoce y valora los esfuerzos y logros de los empleados y se promueve un sentimiento de pertenencia y orgullo de ser parte de la empresa.

LA IMPORTANCIA DEL ENDOMARKETING

Vivimos en un mundo donde la experiencia del empleado es tan importante como la experiencia del cliente. Los empleados motivados y comprometidos tienen más probabilidades de ofrecer un servicio de calidad, impulsar la innovación y contribuir a un entorno de trabajo saludable y productivo. El marketing interno es la herramienta que permite alcanzar estos resultados. Ayuda a:

- Fortalecer la comunicación interna, asegurando que todos estén alineados e informados sobre los acontecimientos y rumbos de la empresa.

- Promover la cultura organizacional, reforzando los valores y comportamientos esperados, además de celebrar la diversidad y la inclusión.

- Incrementar la satisfacción y el bienestar de los empleados ofreciendo un ambiente de trabajo seguro, saludable y estimulante.

- Fomentar el desarrollo personal y profesional, brindando oportunidades de crecimiento y aprendizaje.

ACTUALIZANDO CONCEPTOS PARA HOY

El mundo empresarial evoluciona constantemente y las prácticas de marketing interno también deben adaptarse. Actualmente, con el aumento del trabajo remoto y la necesidad de flexibilidad, las estrategias de marketing interno deben ser inclusivas e integrales, capaces de llegar e involucrar a los empleados sin importar dónde se encuentren. La tecnología se ha convertido en un gran aliado, permitiendo eventos virtuales, capacitaciones en línea y el uso de plataformas de comunicación interna para mantener a todos conectados y comprometidos.

POR QUÉ ESTE LIBRO ES ESENCIAL PARA TI

Esta guía fue creada pensando en ti y en la necesidad de actualizar y sintetizar conocimientos sobre marketing interno, haciéndolo accesible y práctico. Aquí no sólo encontrará teorías, sino estrategias aplicables que se han adaptado a las necesidades y desafíos actuales de las organizaciones. Podrá implementar un programa de marketing interno eficaz que no solo transformará a sus empleados en una fuerza laboral comprometida, sino que también promoverá cambios positivos en toda la cultura organizacional.

Ahora que comprende qué es el marketing interno y su importancia crucial para transformar a los empleados y promover una cultura organizacional positiva, es hora de profundizar más. En el próximo capítulo, exploraremos las causas comunes de la falta de motivación en el lugar de trabajo y cómo se puede utilizar estratégicamente el marketing interno para abordarlas. Prepárese para adquirir conocimientos valiosos que serán la base para desarrollar estrategias efectivas de marketing interno. Descubramos juntos cómo reavivar la llama de la motivación y el compromiso en tu equipo.

ENTENDIENDO LA DESMOTIVACIÓN EN EL LUGAR DE TRABAJO

La falta de motivación en el lugar de trabajo es un desafío complejo que afecta no sólo a la productividad individual, sino también a la moral del equipo y, por extensión, al éxito de la empresa en su conjunto. En este capítulo profundizarás en las causas comunes de esta falta de motivación y descubrirás cómo el marketing interno puede ser una poderosa herramienta para transformar un ambiente laboral desalentador en un espacio vibrante y motivador.

IDENTIFICAR LAS RAÍCES DE LA DESMOTIVACIÓN

Para combatir la desmotivación, es fundamental comprender sus causas subyacentes. Algunos de los factores más comunes incluyen:

- **Falta de reconocimiento y aprecio:** Cuando los empleados sienten que sus esfuerzos no son reconocidos, la motivación por el trabajo puede disminuir significativamente.

- **Comunicación ineficaz:** la comunicación deficiente o insuficiente entre el personal y el liderazgo puede provocar malentendidos, conflictos y una sensación de aislamiento.

- **Falta de crecimiento y desarrollo profesional:** La falta de oportunidades para avanzar o aprender nuevas habilidades puede hacer que los empleados se sientan estancados.

- **Entorno laboral negativo:** Un clima organizacional tóxico, con altos niveles de estrés, competencia desleal o falta de apoyo, puede deteriorar rápidamente la motivación.

EL PAPEL DEL ENDOMARKETING PARA REVERTIR LA DESMOTIVACIÓN

El marketing interno surge como una respuesta estratégica a estos desafíos, ofreciendo soluciones que apuntan a mejorar el compromiso y la satisfacción de los empleados. Exploremos cómo:

- **Promover el reconocimiento:** A través de iniciativas de marketing interno, es posible crear programas de reconocimiento que celebren los logros y contribuciones de los empleados, demostrando que cada esfuerzo es valorado.

- Mejorar la comunicación: implementar canales de comunicación interna eficaces y promover una cultura de retroalimentación abierta puede ayudar a construir un puente sólido entre el equipo y el liderazgo, asegurando que todos se sientan escuchados e incluidos.

- Ofrecer oportunidades de crecimiento: los programas de desarrollo profesional y los planes de carrera, comunicados y fomentados a través del marketing interno, pueden motivar a los empleados a comprometerse más con su trabajo, sabiendo que la empresa está invirtiendo en su futuro.

- Cultivar un ambiente positivo: Las estrategias de marketing interno se pueden utilizar para fomentar un clima organizacional saludable, promoviendo el bienestar, la colaboración y el respeto mutuo entre los miembros del equipo.

TRANSFORMAR LA TEORÍA EN ACCIÓN

Conocer las causas de la desmotivación es sólo el primer paso. La implementación eficaz de estrategias de marketing interno que aborden estos problemas requiere una planificación cuidadosa y un compromiso continuo para mejorar el entorno laboral. Le animo a reflexionar sobre cómo se aplican estos factores a su organización y a considerar enfoques innovadores de marketing interno que puedan adaptarse a sus necesidades específicas.

Ahora que tienes un conocimiento sólido de las causas de la falta de motivación en el trabajo y del papel vital que el marketing interno puede desempeñar para revertir esta tendencia, es hora de pasar a la fase de planificación. En el próximo capítulo, "**ESTABLECIENDO LAS BASES DEL ENDOMARKETING**", profundizaremos en los principios básicos que forman la columna vertebral de cualquier estrategia de marketing interno exitosa.

Prepárese para convertir los conocimientos de este capítulo en acciones concretas que fomentarán un ambiente de trabajo motivador y atractivo.

ESTABLECIENDO LAS BASES DEL ENDOMARKETING

Antes de emprender el viaje para transformar el lugar de trabajo a través del marketing interno, es fundamental comprender los pilares que sustentan una estrategia de marketing interno eficaz. Este capítulo está dedicado a sentar esas bases, brindándole la base sólida que necesita para desarrollar un programa que no sólo satisfaga las necesidades inmediatas de los empleados sino que también impulse una transformación duradera en la cultura de su empresa.

ENTENDIMIENTO Y ALINEACIÓN DE LOS VALORES DE LA EMPRESA

El primer paso para cualquier estrategia de marketing interno exitosa es garantizar que exista una comprensión clara y una profunda alineación de los valores de la empresa entre todos los empleados. Eso incluye:

- **Visión y misión:** Asegurar que todos en la empresa entiendan hacia dónde se dirige la organización y el propósito que guía sus acciones.

- **Valores culturales:** Promover y vivir los valores que definen la cultura organizacional, fomentando comportamientos que reflejen estos principios.

COMUNICACIÓN EFECTIVA

La comunicación clara y abierta es el corazón del marketing interno. Desarrollar y mantener canales de comunicación que permitan el flujo bidireccional de información es crucial. Esto involucra:

- **Canales diversificados:** Utilizar una variedad de medios para asegurar que el mensaje llegue a todos, considerando las particularidades del entorno laboral moderno, como los equipos remotos.

- **Feedback:** Fomentar y facilitar el feedback continuo entre los empleados y la dirección, utilizándolo como herramienta de mejora constante.

COMPROMISO A TRAVÉS DEL RECONOCIMIENTO

El reconocimiento es una poderosa herramienta de motivación. Desarrollar programas de reconocimiento que sean justos, transparentes y alineados con los objetivos de la empresa puede significar la diferencia entre un equipo apático y uno vibrante. Esto puede incluir:

- **Reconocimiento del desempeño:** Celebre los logros individuales y de equipo de manera significativa.

- **Iniciativas de valorización:** Implementar prácticas que demuestren a los empleados que su salud, bienestar y desarrollo personal son valorados por la empresa.

DESARROLLO CONTINUO

Ofrecer oportunidades de desarrollo continuo es esencial para mantener a los empleados comprometidos y motivados. Esto cubre:

- **Formación y educación:** Proporcionar acceso a programas de formación y educación que ayuden al crecimiento profesional y personal de los empleados.

- **Plan de carrera:** Desarrollar y comunicar claramente las carreras profesionales disponibles dentro de la empresa, incentivando a los empleados a aspirar al crecimiento.

PROMOVIENDO EL BIENESTAR

El bienestar de los empleados debe ser una prioridad en cualquier estrategia de marketing interno. Esto involucra:

- **Ambiente de trabajo saludable:** Crear un ambiente físico y psicológico que promueva la salud y el bienestar de los empleados.

- **Iniciativas de bienestar:** Lanzar programas enfocados a la salud física, mental y emocional de los empleados.

Con los fundamentos del marketing interno bien establecidos, ahora está preparado para comenzar a planificar e implementar estrategias específicas que conducirán a la transformación deseada en su organización. En el siguiente capítulo, **"PLANIFICACIÓN DE LA ESTRATEGIA DE ENDOMARKETING"**, profundizaremos en el proceso paso a paso para crear un plan de marketing interno robusto, alineado con los objetivos de la empresa y las necesidades de sus empleados. Prepárese para transformar estos fundamentos en acciones concretas que revitalizarán la cultura de su empresa e involucrarán a su equipo como nunca antes.

PLANIFICACIÓN DE LA ESTRATEGIA DE ENDOMARKETING

Después de establecer los fundamentos del marketing interno, el siguiente paso es desarrollar un plan estratégico que guiará la implementación de estas iniciativas dentro de su organización. Un plan de marketing interno bien diseñado es crucial para asegurar que las acciones estén alineadas con los objetivos de la empresa y satisfagan las necesidades de los empleados, promoviendo un ambiente de trabajo motivador y comprometido. Este capítulo ofrece una guía paso a paso para crear su plan de marketing interno, desde la definición de objetivos hasta la ejecución y evaluación de estrategias.

FIJAR OBJETIVOS CLAROS

El primer paso para planificar tus estrategias de marketing interno es establecer objetivos claros y medibles. Pregúntese:

- ¿Qué quieres conseguir con el marketing interno?

- ¿Está buscando mejorar la comunicación interna, aumentar la satisfacción de los empleados, promover la cultura organizacional o quizás todo lo anterior?

Tener objetivos bien definidos es fundamental para guiar tus acciones y medir el éxito de tus iniciativas.

CONOCER A TU AUDIENCIA

Comprender quiénes son sus empleados y qué valoran es esencial para desarrollar estrategias de marketing interno efectivas. Considerar:

- Las diferentes generaciones presentes en la empresa y sus preferencias comunicativas.

- Los intereses, necesidades y desafíos que enfrentan los empleados.

Una estrategia de marketing interno eficaz es aquella que resuena con la audiencia interna y cumple con sus expectativas.

PREPARANDO EL PLAN

Con los objetivos definidos y una comprensión clara de tu audiencia, puedes comenzar a crear el plan. Eso incluye:

- **Selección de canales de comunicación:** Decidir qué canales se utilizarán para llegar a los empleados de manera efectiva, ya sea a través de intranet, newsletters, reuniones presenciales o virtuales, entre otros.

- **Desarrollo de contenidos:** Planificar el tipo de contenido que se compartirá, asegurando que sea relevante, atractivo y alineado con los valores de la empresa.

- **Cronograma:** Establecer un cronograma de implementación de las acciones, considerando los mejores momentos para cada iniciativa.

EJECUCIÓN

La ejecución de su plan de marketing interno debe gestionarse cuidadosamente para garantizar que las estrategias se implementen según lo planeado. Es importante:

- Mantener una comunicación constante y clara.

- Fomentar la participación de los empleados, creando un entorno en el que se sientan cómodos compartiendo comentarios e ideas.

- Monitorear el progreso de las acciones y realizar los ajustes necesarios.

EVALUACIÓN Y AJUSTES

Después de implementar estrategias de marketing interno, es crucial evaluar sus resultados. Esto involucra:

- Analizar si se alcanzaron los objetivos.

- Recopilar comentarios de los empleados sobre las iniciativas.

- Identificar áreas de mejora y realizar ajustes al plan según sea necesario.

La evaluación continua y la voluntad de adaptar estrategias son fundamentales para el éxito a largo plazo del marketing interno en su empresa.

Con un plan de marketing interno diseñado y ejecutado estratégicamente, estará en el camino correcto para transformar el entorno laboral e involucrar a sus empleados. En el próximo capítulo, **"COMUNICACIÓN EFECTIVA EN ENDOMARKETING"**, profundizaremos en técnicas y estrategias para mejorar la comunicación interna, logrando que los mensajes no sólo lleguen a todos los empleados, sino que también los inspiren a comprometerse con la visión de la empresa. ¿Listo para explorar los secretos de una comunicación eficaz que puede transformar su organización? ¡Sigamos avanzando!

COMUNICACIÓN EFECTIVA EN ENDOMARKETING

La comunicación clara, abierta y eficaz es el pilar central de cualquier estrategia de marketing interno exitosa. Es a través de la comunicación que los valores, objetivos y reconocimientos de la empresa se transmiten a los empleados, fortaleciendo la cultura organizacional y fomentando el compromiso. Este capítulo explora técnicas y estrategias para optimizar la comunicación interna, asegurando que los mensajes no sólo lleguen a todos los empleados, sino que también los impulsen a la acción y la participación.

IDENTIFICAR LOS CANALES DE COMUNICACIÓN MÁS EFICACES

El primer paso hacia una comunicación efectiva es identificar los canales de comunicación que mejor se adaptan a las necesidades y preferencias de tus empleados. Esto puede incluir:

- **Intranet:** Una plataforma centralizada para compartir noticias, actualizaciones y reconocimientos.

- **Boletines internos:** Para mantener a los empleados informados sobre eventos y novedades importantes.

- **Reuniones periódicas:** tanto presenciales como virtuales, para fomentar el debate abierto y la retroalimentación.

- **Redes sociales corporativas:** Plataformas como Yammer o Slack, que permiten una comunicación más dinámica e interactiva.

CREAR CONTENIDO QUE ATRAE

La calidad y relevancia del contenido compartido son cruciales para captar la atención de los contribuyentes y animarlos a participar. Algunos consejos incluyen:

- **Personalizar la comunicación:** Segmentar los mensajes según diferentes grupos dentro de la organización para asegurar la relevancia.

- **Sea claro y conciso:** evite la jerga innecesaria y asegúrese de que los mensajes sean fáciles de entender.

- **Incluir llamadas a la acción:** Anime a los empleados a participar, ya sea dando retroalimentación, participando en eventos o aportando ideas.

PROMOVER LA COMUNICACIÓN BIDIRECCIONAL

La comunicación eficaz en marketing interno no se trata sólo de transmitir mensajes de la dirección a los empleados, sino también de escuchar lo que tienen que decir. Las estrategias para promover la comunicación bidireccional incluyen:

- **Buzones de sugerencias:** físicos o digitales, donde los empleados pueden compartir ideas y comentarios de forma anónima.

- **Encuestas de opinión:** para recopilar comentarios periódicos sobre una variedad de temas, desde la satisfacción laboral hasta ideas para nuevas iniciativas de marketing interno.

- **Foros de discusión:** Espacios donde los empleados pueden discutir ideas, compartir comentarios y colaborar en proyectos.

MEDICIÓN DEL ÉXITO DE LA COMUNICACIÓN

Para garantizar que las estrategias de comunicación sean efectivas, es fundamental medir su impacto. Esto se puede hacer a través de:

- **Análisis de engagement:** Medir el ratio de apertura de newsletters, participación en encuestas y actividad en plataformas de comunicación interna.

- **Comentarios de los empleados:** recopilar y analizar comentarios sobre la eficacia de la comunicación y las áreas de mejora.

- Indicadores de desempeño: observe si existe una correlación entre la comunicación efectiva y los indicadores clave de desempeño, como la satisfacción laboral y la productividad.

Ahora que hemos explorado los fundamentos de una comunicación interna eficaz y cómo puede fortalecer las iniciativas de marketing interno, es hora de mirar más allá y comprender cómo esta comunicación puede contribuir a construir y reforzar la cultura organizacional. En el próximo capítulo, **"CULTURA ORGANIZACIONAL Y ENDOMARKETING"**, profundizaremos en la intersección entre comunicación efectiva y cultura organizacional, explorando cómo el marketing interno puede ser una poderosa herramienta para promover una cultura positiva que fomente el compromiso y la dedicación. Prepárate para descubrir cómo alinear tus estrategias de comunicación con los valores y objetivos de tu empresa, transformando la cultura organizacional.

CULTURA ORGANIZACIONAL Y ENDOMARKETING

La cultura organizacional es el corazón de cualquier empresa e influye directamente en el compromiso y la satisfacción de los empleados. Es el conjunto de valores, creencias, rituales y normas que dan forma al comportamiento y las interacciones en el lugar de trabajo. El marketing interno, como puente entre la dirección y los empleados, juega un papel crucial en la promoción y refuerzo de esta cultura. En este capítulo, exploraremos cómo se puede utilizar eficazmente el marketing interno para cultivar una cultura organizacional positiva, transformando no solo el ambiente de trabajo, sino también la percepción y el compromiso de los empleados.

DEFINIR Y COMUNICAR LA CULTURA ORGANIZACIONAL

El primer paso para reforzar la cultura organizacional a través del marketing interno es definir claramente los valores y creencias de la empresa. Esta definición debe comunicarse de forma coherente y atractiva a todos los empleados, utilizando los canales y estrategias de comunicación comentados en el capítulo anterior. Historias de éxito, testimonios de empleados y ejemplos cotidianos que reflejan los valores de la empresa son herramientas poderosas para esta comunicación.

INTEGRANDO LA CULTURA EN EL DÍA A DÍA DE LA EMPRESA

Para que la cultura organizacional sea más que un conjunto de palabras en una pared o en un sitio web, es necesario vivirla y respirarla diariamente. Esto se puede lograr mediante:

- **Rituales y celebraciones:** Crear eventos y momentos que celebren los valores de la empresa y reconozcan a los empleados que los ejemplifican.

- **Decisiones alineadas con la cultura:** Asegurar que todas las decisiones comerciales, desde la contratación hasta las estrategias de mercado, reflejen los valores de la empresa.

- **El liderazgo como modelo:** Los líderes y directivos deben ser los principales defensores de la cultura, demostrando a través de sus acciones y decisiones los valores que valora la empresa.

USO DEL ENDOMARKETING PARA REFORZAR LA CULTURA

El marketing interno ofrece una serie de estrategias para reforzar la cultura organizacional, entre ellas:

- **Comunicación visual:** Utilizar el espacio físico y virtual de la empresa para reforzar visualmente la cultura y los valores, a través de carteles, murales y contenidos digitales.

- **Capacitación y desarrollo:** Ofrecer capacitación y talleres que no solo desarrollen habilidades técnicas, sino que también cultiven los valores y la cultura de la empresa.

- **Retroalimentación continua:** Promover un ambiente donde se valore la retroalimentación, utilizándola para reforzar comportamientos y prácticas alineadas con la cultura organizacional.

MEDICIÓN DEL IMPACTO EN LA CULTURA ORGANIZACIONAL

La eficacia de las iniciativas de marketing interno para promover la cultura organizacional se puede medir a través de:

- **Encuestas de clima organizacional:** Evaluar periódicamente la percepción de los empleados sobre la cultura de la empresa y su alineamiento con la misma.

- **Análisis de compromiso:** observar cambios en los niveles de compromiso y satisfacción de los empleados como indicadores del fortalecimiento de la cultura.

- **Comentarios directos:** Recopilar y analizar comentarios sobre iniciativas de marketing interno y su impacto en la experiencia de los valores de la empresa.

Con una cultura organizacional sólida y positiva, reforzada por estrategias efectivas de marketing interno, su empresa estará bien posicionada para atraer, retener y motivar el talento. Sin embargo, para que estos esfuerzos se traduzcan en resultados tangibles, es esencial reconocer y valorar a los empleados de manera significativa. En el próximo capítulo, "**RECONOCIMIENTO Y VALORACIÓN DE LOS EMPLEADOS**", exploraremos estrategias para crear un sistema de reconocimiento que no sólo celebre los logros, sino que también impulse la motivación y el compromiso a largo plazo. Prepárese para descubrir cómo convertir el reconocimiento en una poderosa herramienta para impulsar el compromiso y la productividad.

RECONOCIMIENTO Y VALORACIÓN DE EMPLEADOS

El reconocimiento y el aprecio de los empleados son fundamentales para fomentar un ambiente de trabajo motivador y atractivo. Cuando las personas se sienten valoradas suelen dedicarse más, contribuir más significativamente al equipo y a la empresa y mantener una actitud positiva en el día a día. Este capítulo analiza cómo estructurar e implementar un sistema de reconocimiento que celebre los logros, refuerce la cultura organizacional y promueva el compromiso de los empleados.

ENTENDIENDO LA IMPORTANCIA DEL RECONOCIMIENTO

El reconocimiento va más allá del simple elogio. Debe verse como una parte clave de la estrategia de marketing interno, contribuyendo a:

- **Incrementar la motivación:** Reconocer el esfuerzo y los logros de los empleados aumenta su motivación y satisfacción en el trabajo.

- **Reforzar la cultura organizacional:** Celebrar comportamientos y resultados que reflejen los valores de la empresa ayuda a reforzar la cultura organizacional.

- **Mejorar el desempeño:** Un ambiente donde el reconocimiento es frecuente incentiva a todos a mantener un alto nivel de desempeño.

ESTRATEGIAS EFICACES DE RECONOCIMIENTO

Para que el reconocimiento sea efectivo, debe ser sincero, específico y oportuno. Considere las siguientes estrategias:

- **Reconocimiento público:** Utilizar reuniones, boletines internos o plataformas digitales para reconocer públicamente los esfuerzos y logros de los empleados.

- **Programas de recompensas:** Desarrollar programas que ofrezcan recompensas tangibles, como bonos, días libres o regalos, por alcanzar metas específicas o por un comportamiento ejemplar.

- **Reconocimiento personalizado:** comprender las preferencias individuales de los empleados para ofrecer reconocimiento de una manera que sea más significativa para cada persona.

- **Celebraciones y eventos:** Organice eventos periódicos para celebrar hitos importantes, ya sean relacionados con proyectos, aniversarios de empresa u otras fechas significativas.

INCORPORANDO EL RECONOCIMIENTO EN LA VIDA COTIDIANA

El reconocimiento no debe ser una acción aislada, sino una práctica continua e integrada en el día a día de la empresa:

- **Crear un ambiente de apoyo:** Aliente a los empleados a reconocer los esfuerzos de los demás, promoviendo una cultura de apoyo y aprecio mutuo.

- **Liderazgo con el ejemplo:** Los líderes deben predicar con el ejemplo, reconociendo periódicamente las contribuciones de los miembros del equipo y demostrando la importancia del reconocimiento.

- **Comentarios continuos:** alinear el reconocimiento con comentarios constructivos, garantizando que los empleados sepan no solo que son valorados, sino también cómo pueden seguir creciendo y contribuyendo.

Medir el impacto del reconocimiento

Evaluar el impacto de las iniciativas de reconocimiento es crucial para comprender su efectividad y hacer los ajustes necesarios. Esto se puede hacer a través de:

- **Encuestas de satisfacción:** realizar encuestas periódicas para medir cómo las prácticas de reconocimiento afectan la satisfacción y el compromiso de los empleados.

- **Análisis de desempeño:** Observar si existe correlación entre las iniciativas de reconocimiento y las mejoras en el desempeño individual y de equipo.

- **Comentarios de los empleados:** recopile comentarios directos sobre los programas de reconocimiento, utilizando sugerencias para mejorar iniciativas futuras.

Con un sistema de reconocimiento bien establecido que celebra los logros y valora a cada empleado, su empresa puede alcanzar nuevos niveles de compromiso y productividad. Sin embargo, el reconocimiento es sólo una parte de un programa integral de marketing interno. En el siguiente capítulo, **"FORMACIÓN Y DESARROLLO A TRAVÉS DEL ENDOMARKETING"**, exploraremos cómo utilizar el marketing interno para promover oportunidades de formación y desarrollo, contribuyendo al crecimiento personal y profesional de los empleados. Prepárese para descubrir cómo el aprendizaje continuo puede ser un poderoso motivador y cómo puede integrarse en sus estrategias de marketing interno.

FORMACIÓN Y DESARROLLO A TRAVÉS DEL ENDOMARKETING

Invertir en el desarrollo continuo de los empleados no sólo aumenta la competencia y eficacia de la fuerza laboral, sino que también aumenta el nivel de satisfacción y compromiso. Un programa eficaz de capacitación y desarrollo, impulsado a través de estrategias de marketing interno, puede marcar una gran diferencia a la hora de retener el talento y fortalecer la cultura organizacional. En este capítulo exploraremos cómo integrar la formación y el desarrollo en tus estrategias de marketing interno, transformando el aprendizaje continuo en un pilar de motivación y crecimiento dentro de la empresa.

LA IMPORTANCIA DEL DESARROLLO CONTINUO

El desarrollo continuo de los empleados es fundamental para:

- **Mantener la competitividad:** Asegurar que el equipo esté siempre actualizado con las últimas tendencias y tecnologías del sector.

- **Incrementar la retención del talento:** Ofrecer caminos de crecimiento profesional contribuye a la satisfacción y fidelización de los empleados.

- **Promover la innovación:** los empleados bien formados y motivados tienen más probabilidades de aportar ideas innovadoras que puedan hacer avanzar a la empresa.

ESTRATEGIAS DE ENDOMARKETING PARA PROMOVER EL DESARROLLO

Integrar la formación y el desarrollo en las estrategias de marketing interno pasa por crear una cultura que valore y promueva el aprendizaje continuo:

- **Comunicación de oportunidades:** Utilizar todos los canales de comunicación interna disponibles para dar a conocer oportunidades de formación, talleres y cursos, destacando cómo contribuyen al crecimiento personal y profesional.

- **Celebrar los logros de aprendizaje:** Reconocer y celebrar públicamente los logros de aprendizaje, como completar cursos o certificaciones, reforzando la importancia del desarrollo continuo.

- Incorporar el desarrollo en los planes de carrera: mostrar claramente cómo la formación y el desarrollo encajan en los planes de carrera dentro de la empresa, animando a los empleados a involucrarse en su propia progresión.

CREAR PROGRAMAS DE ENTRENAMIENTO ATRACTIVOS

Para que los programas de formación y desarrollo sean eficaces, deben ser atractivos y accesibles para los empleados:

- Diversificar los métodos de aprendizaje: ofrecer una variedad de formatos, como aprendizaje electrónico, talleres presenciales y tutorías, para adaptarse a los diferentes estilos de aprendizaje.

- Involucrar a los empleados en el desarrollo del programa: solicitar comentarios sobre los intereses de aprendizaje y las áreas de desarrollo deseadas, garantizando que los programas sean relevantes y atractivos.

- Promover el aprendizaje entre pares: Fomentar el intercambio de conocimientos entre colegas facilitando sesiones de intercambio de conocimientos y grupos de estudio.

MEDICIÓN DEL ÉXITO Y DEL IMPACTO

Evaluar el impacto de los programas de capacitación y desarrollo es crucial para comprender su efectividad y hacer los ajustes necesarios:

- Comentarios de los participantes: recopile comentarios inmediatos de los empleados después de participar en programas de capacitación para evaluar la satisfacción y la aplicabilidad del aprendizaje.

- Evaluación del desempeño: Monitorear la aplicación de los conocimientos adquiridos en el trabajo y su impacto en el desempeño individual y del equipo.

- Indicadores de compromiso: Observar si existe correlación entre la participación en programas de desarrollo y los niveles de compromiso y satisfacción de los empleados.

Integrar la formación y el desarrollo en sus estrategias de marketing interno no sólo empodera a sus empleados, sino que también contribuye significativamente al compromiso y la motivación. En el próximo capítulo, "**PROMOVER EL BIENESTAR EN EL LUGAR DE TRABAJO**", exploraremos cómo se pueden utilizar las iniciativas de marketing interno para respaldar el bienestar físico, mental y emocional de los empleados, creando un ambiente de trabajo donde todos puedan prosperar. Esté preparado para descubrir cómo la salud y el bienestar son fundamentales para la productividad y el éxito a largo plazo.

PROMOVER EL BIENESTAR EN EL LUGAR DE TRABAJO

Promover el bienestar en el lugar de trabajo va más allá de simples beneficios; se trata de crear un entorno donde cada empleado se sienta apoyado en todos los aspectos de su vida, no sólo en su ámbito profesional. A través del marketing interno es posible implementar iniciativas que promuevan el bienestar físico, mental y emocional, contribuyendo a la creación de un ambiente de trabajo saludable y productivo. En este capítulo, exploraremos cómo estas iniciativas no solo benefician a los empleados individuales, sino que también refuerzan el compromiso de la empresa con el cuidado integral de su equipo.

LA IMPORTANCIA DEL BIENESTAR EN EL TRABAJO

El bienestar de los empleados impacta directamente en la productividad, la creatividad y el compromiso. Los entornos laborales que promueven el bienestar tienden a tener menores índices de ausentismo, rotación y conflictos internos, así como una mayor satisfacción laboral. Por tanto, invertir en bienestar es invertir en el éxito sostenible de la organización.

ESTRATEGIAS DE ENDOMARKETING PARA EL BIENESTAR

Implementar iniciativas de bienestar requiere una cuidadosa planificación y ejecución estratégica, aspectos en los que el marketing interno juega un papel fundamental:

- **Comunicación de programas de bienestar:** Utilizar canales de marketing internos para informar sobre programas de salud y bienestar disponibles, como gimnasia laboral, consultas con psicólogos, nutricionistas y otras iniciativas de salud preventiva.

- **Campañas de sensibilización:** Promover campañas periódicas sobre temas importantes como la salud mental, la alimentación saludable, la importancia de la actividad física y las técnicas de relajación y mindfulness.

- **Retos de bienestar:** Fomentar la participación en actividades y retos que fomenten hábitos saludables, como competiciones amistosas de pasos diarios, maratones de lectura o retos de alimentación saludable.

CREAR UN AMBIENTE DE TRABAJO SALUDABLE

Además de iniciativas específicas, el entorno físico y la cultura empresarial desempeñan un papel crucial en el bienestar de los empleados:

- **Espacios de descanso:** Crear zonas donde los empleados puedan relajarse y desconectar brevemente del trabajo, como salas de descanso, zonas verdes o espacios de meditación.

- **Flexibilidad horaria y trabajo remoto:** Ofrecer opciones de flexibilidad que permitan a los empleados equilibrar mejor su vida profesional y personal, reconociendo y respetando las necesidades individuales de cada persona.

- **Cultura de apoyo:** Fomentar una cultura que valore el bienestar, animando a los directivos a ser proactivos en el apoyo a la salud física y mental de sus equipos y promoviendo el diálogo abierto sobre estos temas.

MEDICIÓN DEL IMPACTO DE LAS INICIATIVAS DE BIENESTAR

Para garantizar la eficacia de las iniciativas de bienestar, es fundamental medir su impacto:

- **Encuestas de satisfacción y bienestar:** Realizar encuestas periódicas para evaluar la percepción de los empleados sobre las iniciativas de bienestar e identificar áreas de mejora.

- **Análisis de ausentismo y productividad:** Monitorear las tasas de ausentismo y los indicadores de productividad antes y después de implementar iniciativas para evaluar su impacto directo.

- **Retroalimentación continua:** Fomentar la retroalimentación constante sobre los programas de bienestar, permitiendo ajustes y mejoras continuas en función de las necesidades de los empleados.

Promover el bienestar en el lugar de trabajo es un viaje continuo que requiere compromiso e innovación constantes. En el próximo capítulo, "**RETROALIMENTACIÓN CONSTRUCTIVA Y DIÁLOGO ABIERTO**", exploraremos cómo crear un entorno donde no solo se fomente la retroalimentación, sino que se utilice como una herramienta estratégica para el desarrollo continuo y el fortalecimiento de las relaciones dentro del equipo. Prepárese para aprender cómo convertir la retroalimentación en una fuerza positiva que impulse el crecimiento personal, el compromiso y la colaboración.

RETROALIMENTACIÓN CONSTRUCTIVA Y DIÁLOGO ABIERTO

Crear un ambiente de trabajo donde se valoren los comentarios constructivos y el diálogo abierto es esencial para el desarrollo continuo de los empleados y el fortalecimiento de las relaciones dentro del equipo. Este capítulo explora cómo utilizar el marketing interno para fomentar y facilitar eficazmente el intercambio de retroalimentación, convirtiéndolo en una poderosa herramienta de crecimiento y mejora para todos en la organización.

LA IMPORTANCIA DE LA RETROALIMENTACIÓN CONSTRUCTIVA

La retroalimentación constructiva es esencial para:

- **Promover el desarrollo personal y profesional:** Ayuda a los empleados a comprender sus puntos fuertes y áreas de mejora.

- **Mejorar la comunicación y el trabajo en equipo:** Fortalece las relaciones laborales fomentando la comunicación abierta y la confianza mutua.

- **Aumentar la motivación y el compromiso:** Cuando los empleados ven que sus opiniones son valoradas y que tienen oportunidades de crecimiento, su compromiso y motivación aumentan.

ESTRATEGIAS DE ENDOMARKETING PARA PROMOVER LA RETROALIMENTACIÓN

Utilizar estrategias de marketing interno para promover una cultura de retroalimentación constructiva implica varias acciones:

- **Campañas de concientización:** ejecute campañas internas que resalten la importancia de los comentarios constructivos, compartiendo consejos sobre cómo dar y recibir comentarios de manera efectiva.

- **Capacitaciones y talleres:** Ofrezca sesiones de capacitación sobre habilidades de comunicación, incluido cómo articular comentarios constructivos y cómo reaccionar positivamente al recibirlos.

- **Herramientas digitales:** Implementar plataformas que faciliten el intercambio de retroalimentación, como aplicaciones internas donde los empleados puedan dar y recibir retroalimentación de forma anónima o no.

FOMENTAR UN DIÁLOGO ABIERTO

Además de la retroalimentación, el diálogo abierto entre empleados, equipos y líderes es crucial para la resolución de conflictos, la innovación y la toma de decisiones. Algunas formas de promoverlo incluyen:

- **Reuniones periódicas de retroalimentación:** Establecer reuniones periódicas dedicadas exclusivamente al intercambio de retroalimentación entre los miembros del equipo y entre empleados y directivos.

- **Buzones de sugerencias:** Mantener buzones de sugerencias físicos o digitales donde los empleados puedan expresar sus ideas, inquietudes y sugerencias de forma anónima.

- **Foros de discusión:** Crear espacios, físicos o virtuales, donde los empleados puedan discutir abiertamente ideas, proyectos y desafíos que enfrenta el equipo o la empresa.

MEDIR EL IMPACTO DE LA RETROALIMENTACIÓN Y EL DIÁLOGO

Evaluar el impacto de las iniciativas de retroalimentación y diálogo abierto es vital para comprender su efectividad:

- **Encuestas de clima organizacional:** Utilizar encuestas para medir la percepción de los empleados sobre la efectividad del feedback y la apertura al diálogo dentro de la organización.

- **Análisis de desempeño:** observar si existen mejoras en el desempeño individual y de equipo correlacionadas con la implementación de prácticas de retroalimentación efectivas.

- Feedback sobre feedback: Incentivar a los empleados a evaluar la calidad y utilidad del feedback recibido, así como abrir el ambiente de diálogo.

Con un entorno que valora la retroalimentación constructiva y el diálogo abierto, su organización estará bien posicionada para enfrentar desafíos, cultivar la innovación y fortalecer el compromiso de los empleados. En el siguiente capítulo, **"EVENTOS CORPORATIVOS Y ACTIVIDADES DE CREACIÓN DE EQUIPOS"**, exploraremos cómo las actividades de incorporación pueden complementar las iniciativas de retroalimentación, promoviendo aún más la cohesión del equipo y la cultura colaborativa. Prepárate para descubrir estrategias creativas para unir a tu equipo y fortalecer los vínculos internos, transformando el ambiente laboral.

EVENTOS CORPORATIVOS Y ACTIVIDADES DE CREACIÓN DE EQUIPOS

Los eventos corporativos y las actividades de team building son fundamentales para fortalecer los vínculos entre los empleados, promover la cohesión del equipo y mejorar la comunicación y la colaboración dentro de la empresa. Al integrar estas actividades en las estrategias de marketing interno, no solo se puede mejorar el ambiente laboral, sino también reforzar la cultura organizacional, aumentar el compromiso de los empleados y fomentar el desarrollo de habilidades interpersonales. Este capítulo se centra en cómo planificar y ejecutar estos eventos de manera efectiva, garantizando que brinden beneficios tangibles a todos los involucrados.

EL VALOR DE LOS EVENTOS CORPORATIVOS Y EL TEAM BUILDING

Estas actividades ofrecen una oportunidad única para:

- **Romper la rutina:** Proporcionar a los empleados un descanso de su rutina diaria, ayudándoles a recargar energías y aumentar la productividad.

- **Mejorar la comunicación:** Promover el diálogo y el entendimiento mutuo, fundamental para el éxito del equipo.

- **Fomentar el espíritu de equipo:** Estimular la colaboración y reforzar la idea de que todos trabajan por un objetivo común.

- **Identificar líderes potenciales:** observar cómo se comportan los empleados en diferentes situaciones, lo que puede revelar habilidades de liderazgo y otras competencias.

PLANIFICACIÓN DE EVENTOS Y ACTIVIDADES EFICACES

Para que los eventos y actividades de team building tengan éxito, es importante:

- **Establezca objetivos claros:** determine qué espera lograr con el evento o actividad, ya sea mejorar la comunicación, resolver conflictos o simplemente relajarse y divertirse.

- **Elegir actividades adecuadas:** Las actividades deben elegirse en función de los objetivos, la cultura de la empresa y las características de los participantes. Considere una variedad que se adapte a diferentes intereses y habilidades.

- **Incluir a todos:** Garantizar que las actividades sean accesibles e inclusivas, permitiendo que todos los empleados participen y contribuyan.

EJEMPLOS DE ACTIVIDADES DE TEAM BUILDING

- **Talleres creativos:** actividades como talleres de arte, cocina o escritura creativa pueden ayudar a estimular la creatividad y ofrecer una nueva perspectiva sobre los compañeros de trabajo.

- **Deportes y juegos de equipo:** Las competiciones amistosas o los deportes de equipo, como el fútbol, el voleibol o la búsqueda del tesoro, fomentan la colaboración y el espíritu de equipo.

- **Retiros corporativos:** Un retiro fuera del entorno laboral puede ser una excelente oportunidad para que los empleados desconecten de su rutina, conecten a un nivel más personal y discutan los objetivos y estrategias de la empresa en un ambiente relajado.

MEDICIÓN DEL ÉXITO

Evaluar la eficacia de los eventos y actividades de team building:

- **Solicitar feedback:** Después del evento, pide a los empleados que compartan sus impresiones, qué les gustó más, qué se podría mejorar y sugerencias para futuras actividades.

- **Esté atento a los cambios:** esté atento a los cambios en el lugar de trabajo después del evento, como mejoras en la comunicación, mayor colaboración o más iniciativas de equipo.

- Analizar el impacto en el rendimiento: compruebe si hay mejoras en el rendimiento del equipo o la finalización del proyecto después de las actividades de formación de equipos.

Con la implementación exitosa de eventos corporativos y actividades de team building, su organización estará en el camino correcto para desarrollar un equipo más cohesivo, comunicativo y comprometido. En el próximo capítulo, **"ENDOMARKETING DIGITAL"**, exploraremos cómo se pueden utilizar las herramientas y plataformas digitales para mejorar las estrategias de marketing interno, permitiendo una comunicación más efectiva y un compromiso continuo de los empleados. Esté preparado para descubrir cómo la tecnología puede ser un poderoso aliado para promover el bienestar y construir una cultura organizacional sólida.

ENDOMARKETING DIGITAL

La transformación digital ha remodelado la forma en que las empresas se comunican internamente y promueven el compromiso de los empleados. El marketing interno digital aprovecha las herramientas y plataformas digitales para llegar e involucrar a su fuerza laboral de manera más efectiva, independientemente de dónde se encuentren. En este capítulo, exploramos cómo integrar el marketing interno digital en las estrategias de comunicación interna, maximizando el alcance y la eficacia de las iniciativas de marketing interno.

EL ASCENSO DEL ENDOMARKETING DIGITAL

El marketing interno digital no es solo una tendencia, sino una evolución necesaria ante los cambios en el entorno laboral, incluida la creciente adopción del trabajo remoto y la necesidad de comunicación instantánea. El ofrece:

- **Mayor alcance:** Capacidad de llegar a empleados en diferentes ubicaciones, incluidos aquellos que trabajan de forma remota o en sucursales distantes.

- **Interactividad:** Las herramientas digitales permiten la comunicación bidireccional, fomentando el feedback y la participación de los empleados.

- **Personalización:** Posibilidad de personalizar la comunicación según los intereses y necesidades de grupos específicos de empleados.

HERRAMIENTAS DE ENDOMARKETING DIGITALES

Se pueden utilizar varias herramientas para implementar estrategias de marketing interno digital, que incluyen:

- **Intranets y portales corporativos:** Plataformas centrales para compartir noticias, actualizaciones e información importante con todo el equipo.

- **Redes sociales corporativas:** Plataformas como Slack, Microsoft Teams o Yammer facilitan la comunicación y colaboración en tiempo real.

- **Aplicaciones móviles:** las aplicaciones personalizadas para su empresa pueden brindar fácil acceso a funciones, notificaciones y actualizaciones importantes.

- **Webinars y formación online:** Uso de plataformas de aprendizaje online para promover el desarrollo continuo de los empleados.

ESTRATEGIAS EFICACES DE ENDOMARKETING DIGITAL

Para maximizar el impacto del marketing interno digital, considere las siguientes estrategias:

- **Contenido atractivo:** producir contenido relevante y atractivo, como videos, podcasts y artículos que reflejen la cultura y los valores de la empresa.

- **Campañas interactivas:** Lanzar campañas que fomenten la participación activa de los empleados, como concursos, encuestas y desafíos.

- **Comunicación segmentada:** Aprovechar las herramientas digitales para segmentar la comunicación, asegurando que los mensajes sean relevantes para los diferentes grupos dentro de la empresa.

- **Comentarios digitales:** utilice plataformas digitales para recopilar comentarios de los empleados, lo que permitirá un análisis más rápido y una acción inmediata sobre sugerencias e inquietudes.

MEDICIÓN DEL IMPACTO DEL ENDOMARKETING DIGITAL

La eficacia del marketing interno digital se puede evaluar a través de:

- **Análisis de datos:** las herramientas digitales ofrecen grandes cantidades de datos que se pueden analizar para comprender el compromiso y las preferencias de los empleados.

- Encuestas y comentarios: realizar encuestas digitales periódicas para medir la satisfacción y recopilar comentarios sobre iniciativas de marketing interno digital.

- Indicadores de desempeño: monitorear indicadores clave como tasas de clics, asistencia a eventos en línea y uso de aplicaciones corporativas para evaluar el compromiso.

Al integrar el marketing interno digital en sus estrategias de comunicación interna, su empresa puede crear un ambiente de trabajo más dinámico, inclusivo y comprometido. En el próximo capítulo, **"INCORPORACIÓN DE LA GAMIFICACIÓN"**, exploraremos cómo se puede utilizar la gamificación dentro de las estrategias de marketing interno para aumentar aún más el compromiso, promoviendo un ambiente de trabajo divertido y motivador. Prepárese para descubrir cómo los juegos y los desafíos pueden transformar la experiencia de los empleados y aumentar la productividad.

INCORPORACIÓN DE LA GAMIFICACIÓN

La gamificación utiliza elementos de juego en el contexto no lúdico del lugar de trabajo para aumentar el compromiso y la motivación de los empleados, fomentando comportamientos positivos a través de recompensas y reconocimiento. Este capítulo explora cómo la gamificación se puede integrar en las estrategias de marketing interno, transformando las tareas cotidianas en experiencias más atractivas y divertidas, al tiempo que se promueve el aprendizaje, la colaboración y la competencia sana.

ENTENDIENDO LA GAMIFICACIÓN

La gamificación no significa convertir el trabajo en un juego, sino más bien aplicar mecánicas de juego (como puntos, niveles, insignias, tablas de clasificación y misiones) para mejorar la motivación y el compromiso. Se basa en la psicología que motiva a las personas a alcanzar sus objetivos ofreciendo reconocimiento inmediato y recompensas por logros específicos.

BENEFICIOS DE LA GAMIFICACIÓN

- **Mayor compromiso:** hacer que las tareas sean más divertidas y desafiantes puede aumentar significativamente el compromiso de los empleados.

- **Refuerzo del aprendizaje:** Los juegos educativos y las simulaciones pueden facilitar la formación y el desarrollo profesional de una forma más interactiva y memorable.

- **Promoción de la colaboración:** las actividades gamificadas que fomentan el trabajo en equipo pueden mejorar la comunicación y la colaboración entre los empleados.

- **Reconocimiento y motivación:** La gamificación proporciona retroalimentación inmediata a través de recompensas y reconocimiento, fomentando el buen desempeño continuo.

ESTRATEGIAS DE IMPLEMENTACIÓN DE GAMIFICACIÓN

Para incorporar eficazmente la gamificación en sus

iniciativas de marketing interno, considere las siguientes estrategias:

- **Definir objetivos claros:** Antes de implementar elementos de gamificación, es crucial definir objetivos claros. Pregúntese qué espera lograr: ¿mayor compromiso? ¿Mejor aprendizaje y desarrollo? ¿Mayor colaboración?

- **Elige las mecánicas adecuadas:** Dependiendo de los objetivos se pueden aplicar diferentes mecánicas de juego. Por ejemplo, para promover el aprendizaje, los cuestionarios pueden ser una excelente opción; Para fomentar la productividad, considere los desafíos con recompensas.

- **Personalizar la experiencia:** La gamificación debe ser relevante para los empleados. Considere personalizar las actividades para reflejar la cultura de la empresa y satisfacer las preferencias del equipo.

- **Proporcionar retroalimentación y reconocimiento:** Asegurar que el sistema de gamificación ofrezca retroalimentación constante y reconozca los esfuerzos y logros de los empleados de manera visible y significativa.

MEDICIÓN DEL ÉXITO DE LA GAMIFICACIÓN

Evaluar el impacto de las iniciativas de gamificación es esencial para garantizar que cumplen sus objetivos:

- **Comentarios de los empleados: recopilar comentarios directos es vital para comprender cómo** se reciben las actividades gamificadas y cuál es su impacto en el compromiso y la motivación.

- **Análisis de datos:** utilice datos y análisis para medir la participación en actividades gamificadas , observando métricas como la participación, la finalización de tareas y el progreso del aprendizaje.

- **Evaluación del desempeño:** observar si existe una

correlación entre la introducción de la gamificación y las mejoras en el desempeño general, incluida la productividad, la calidad del trabajo y la colaboración.

Con la gamificación, puedes crear un ambiente de trabajo más dinámico y atractivo, fomentando la productividad, el aprendizaje continuo y la colaboración. En el próximo capítulo, **"RESPONSABILIDAD SOCIAL CORPORATIVA Y ENDOMARKETING"**, exploraremos cómo integrar iniciativas de responsabilidad social en las estrategias de marketing interno, promoviendo no solo el compromiso interno, sino también contribuyendo positivamente a la comunidad y el medio ambiente. Prepárese para descubrir cómo alinear los valores de la empresa con acciones sociales significativas que resuenen en los empleados y refuercen la imagen de marca.

RESPONSABILIDAD SOCIAL CORPORATIVA Y ENDOMARKETING

La integración de la responsabilidad social corporativa (RSC) en las estrategias de marketing interno no solo refuerza el compromiso de la empresa con las cuestiones sociales, ambientales y éticas, sino que también promueve un sentido de propósito y pertenencia entre los empleados. Este capítulo analiza cómo utilizar el marketing interno para involucrar a los empleados en iniciativas de RSE, creando una cultura corporativa que valore las contribuciones positivas a la sociedad y el medio ambiente.

LA IMPORTANCIA DE LA RSE EN EL ENTORNO CORPORATIVO

La RSE beneficia a la sociedad y al medio ambiente, pero también aporta importantes beneficios a la empresa, entre ellos:

- **Mejora de la imagen de marca:** La participación en proyectos sociales fortalece la imagen de la empresa entre los consumidores, los socios y la comunidad local.

- **Mayor compromiso de los empleados:** trabajar por una causa mayor puede aumentar la motivación y la satisfacción laboral.

- **Atracción y retención de talento:** Las empresas con fuertes programas de RSC son más atractivas para los profesionales que buscan empleadores con valores alineados con los suyos.

ESTRATEGIAS DE ENDOMARKETING PARA PROMOVER LA RSE

Para integrar eficazmente la RSE en sus estrategias de marketing interno, considere:

- **Comunicación clara de los proyectos de RSC:** Utilizar canales internos para informar y actualizar a los empleados sobre las iniciativas de RSC, destacando su impacto y cómo pueden participar.

- **Voluntariado corporativo:** Organizar y promover programas de voluntariado, fomentando la participación activa de los empleados en proyectos sociales, medioambientales o solidarios.

- **Campañas de concientización:** Crear campañas de marketing interno que eduquen y concienticen a los empleados sobre temas sociales y ambientales, mostrando cómo sus acciones pueden marcar la diferencia.

INVOLUCRAR A LOS EMPLEADOS EN INICIATIVAS DE RSE

Para maximizar el compromiso de los empleados en las iniciativas de RSE:

- **Ofrecer opciones de participación:** Dar a los empleados la opción de elegir entre diferentes proyectos de RSC, aumentando las posibilidades de implicación y compromiso personal.

- **Reconocer y premiar la implicación:** Celebrar las aportaciones de los empleados a los proyectos de RSC, ya sea a través de reconocimientos internos, premios o beneficios adicionales.

- **Fomentar la participación en equipos:** Fomentar la creación de equipos para participar en proyectos de RSC, fortaleciendo el espíritu de equipo y mejorando la colaboración.

MEDICIÓN DEL IMPACTO DE LAS INICIATIVAS DE RSE

Evaluar el impacto de las iniciativas de RSE es crucial para comprender su efectividad y hacer los ajustes necesarios:

- **Encuestas de compromiso:** Realizar encuestas para medir el impacto de las iniciativas de RSC en el compromiso y satisfacción de los empleados.

- **Análisis de contribución de la comunidad:** Evaluar el impacto de las iniciativas de RSE en la comunidad y el medio ambiente, utilizando métricas específicas siempre que sea posible.

- **Comentarios de los empleados:** recopilar comentarios

directos sobre las iniciativas de RSC, buscando comprender qué funciona bien y qué se puede mejorar.

Al integrar la responsabilidad social corporativa en sus estrategias de marketing interno, no sólo beneficia a la comunidad y al medio ambiente, sino que también fortalece la cultura corporativa, aumenta el compromiso de los empleados y mejora la imagen de la empresa. En el próximo capítulo, "**MEDICIÓN DEL ÉXITO DEL ENDOMARKETING**", exploraremos métodos y métricas para evaluar la efectividad de sus estrategias de marketing interno, asegurándonos de que pueda ajustar y mejorar sus iniciativas basándose en datos concretos. Esté preparado para aprender cómo medir el impacto de su programa de marketing interno y utilizar esta información para impulsar el éxito continuo de su empresa.

MEDICIÓN DEL ÉXITO DEL ENDOMARKETING

Evaluar la efectividad de las estrategias de marketing interno es crucial para garantizar que estén logrando los objetivos deseados, como aumentar el compromiso de los empleados, mejorar la comunicación interna y fortalecer la cultura corporativa. Este capítulo presenta métodos y métricas para medir el éxito de sus iniciativas de marketing interno, permitiéndole ajustar y mejorar sus acciones en función de conocimientos concretos.

ESTABLECIMIENTO DE MÉTRICAS DE ÉXITO

Antes de medir el éxito de tus estrategias de marketing interno, es importante definir qué métricas se utilizarán. Algunas métricas comunes incluyen:

- **Compromiso de los empleados:** Medido a través de encuestas de satisfacción, tasa de participación en eventos e iniciativas y uso de plataformas de comunicación interna.

- **Clima organizacional:** Evaluado a través de encuestas que miden la percepción de los empleados sobre el clima laboral, la cultura corporativa y su bienestar general.

- **Retención y rotación de empleados:** monitorear las tasas de retención y rotación para evaluar si las estrategias de marketing interno están contribuyendo a la retención del talento.

- **Productividad:** Análisis de indicadores de desempeño antes y después de la implementación de iniciativas de marketing interno para verificar mejoras en la productividad.

RECOPILACIÓN Y ANÁLISIS DE DATOS

Para un análisis eficaz, considere los siguientes pasos:

- **Encuestas periódicas:** Realizar periódicamente encuestas de compromiso y clima organizacional para monitorear los cambios en la percepción de los empleados.

- **Feedback continuo:** Fomentar el feedback continuo sobre las iniciativas de marketing interno, utilizando plataformas digitales que faciliten esta comunicación.

- **Análisis de datos de plataformas digitales:** Utilice herramientas analíticas de plataformas digitales internas para medir la interacción y el compromiso de los empleados.

AJUSTAR LAS ESTRATEGIAS BASADAS EN LA RETROALIMENTACIÓN

Con los datos recopilados es posible:

- **Identifique áreas de mejora:** utilice la retroalimentación para identificar qué aspectos de sus iniciativas de marketing interno deben mejorarse o ajustarse.

- **Innovar y experimentar:** basándose en el análisis, probar nuevos enfoques y estrategias para aumentar el compromiso y la satisfacción de los empleados.

- **Reconocer el éxito:** Celebrar y compartir los éxitos alcanzados a través de iniciativas de marketing interno, reforzando el valor de estas estrategias para la empresa y los empleados.

CREANDO UN CICLO CONTINUO DE MEJORA

El proceso de medición y ajuste debe ser continuo, creando un ciclo de retroalimentación que permita la mejora constante de las estrategias de marketing interno. Esto involucra:

- **Revisión periódica de métricas:** reevaluar periódicamente las métricas de éxito para garantizar que continúen alineándose con los objetivos de la empresa.

- **Adaptación a los cambios:** Esté preparado para adaptar sus estrategias a medida que evolucionan las necesidades de la empresa y de los empleados.

- Inversión en tecnología: Utilizar tecnologías emergentes para recopilar y analizar datos de forma más eficiente, facilitando la implementación de mejoras.

Medir el éxito de las iniciativas de marketing interno es sólo el comienzo. En el próximo capítulo, **"SUPERAR LOS DESAFÍOS DEL ENDOMARKETING"**, cubriremos los obstáculos comunes al implementar programas de marketing interno y cómo superarlos. Esté preparado para aprender estrategias para enfrentar y superar estos desafíos, asegurando que su programa de marketing interno no solo sobreviva, sino que prospere, contribuyendo significativamente al éxito de su empresa.

SUPERAR LOS DESAFÍOS DEL ENDOMARKETING

Implementar un programa de marketing interno eficaz puede presentar varios desafíos, desde la resistencia interna hasta la dificultad para medir el ROI (Retorno de la Inversión) de las iniciativas. Este capítulo aborda los obstáculos comunes que se encuentran al desarrollar estrategias de marketing interno y proporciona orientación práctica para superarlos, asegurando que su programa no sólo logre sus objetivos, sino que también agregue un valor significativo a la cultura organizacional y el compromiso de los empleados.

IDENTIFICAR DESAFÍOS COMUNES

Algunos de los desafíos más comunes incluyen:

- **Resistencia al cambio:** Natural en cualquier organización, la resistencia puede provenir tanto del liderazgo como de los empleados.

- **Comunicación ineficaz:** Dificultades para llegar a todos los empleados o para transmitir mensajes de forma eficaz.

- **Presupuesto limitado:** Las restricciones financieras pueden limitar la implementación de ciertas iniciativas.

- **Medición de resultados:** Retos a la hora de establecer métricas claras y medibles para evaluar el éxito de las acciones de marketing interno.

ESTRATEGIAS PARA SUPERAR DESAFÍOS

Para cada desafío, existen estrategias potenciales para superarlo:

- **Implicación del liderazgo:** Obtener el apoyo de la alta dirección demostrando cómo el marketing interno puede alinearse con los objetivos estratégicos de la empresa y contribuir a su éxito.

- **Comunicación clara y multicanal:** Utilizar diferentes canales de comunicación para conseguir que los mensajes de marketing interno lleguen a todos los empleados, adaptando el formato y el lenguaje en función del público objetivo.

- **Creatividad presupuestaria:** explore soluciones creativas y de bajo costo, como eventos virtuales o programas de reconocimiento que no requieran grandes inversiones financieras.

- **Definición de métricas de éxito:** Establecer indicadores claros desde el inicio, que permitan una evaluación precisa del impacto de las iniciativas de marketing interno.

HISTORIAS DE ÉXITO Y LECCIONES APRENDIDAS

Aprender de historias de éxito dentro y fuera de su industria puede ofrecer información valiosa:

- **Estudiar casos de éxito:** buscar ejemplos de empresas que superaron desafíos similares y analizar las estrategias que adoptaron.

- **Adaptación y flexibilidad:** Estar abierto a adaptar estrategias en función de lo que ha funcionado (o no) en otros contextos.

- **Colaboración y retroalimentación:** Fomentar una cultura de retroalimentación continua, donde los empleados puedan expresar sus ideas e inquietudes, contribuyendo a la mejora continua de las iniciativas.

MANTENER EL COMPROMISO A LARGO PLAZO

Superar los retos del marketing interno requiere un compromiso continuo con la evolución y adaptación de las estrategias:

- **Monitoreo y ajuste:** Mantener activo el ciclo de retroalimentación, ajustando las estrategias según sea necesario para garantizar que sigan siendo relevantes y efectivas.

- **Compromiso con la cultura organizacional:** Integrar profundamente el marketing interno en la cultura de la empresa, logrando que sea percibido como una parte esencial del ambiente laboral.

- Innovación constante: manténgase actualizado con las nuevas tendencias en marketing interno, explorando nuevas tecnologías y metodologías para mantener el programa fresco y atractivo.

Superar los desafíos del marketing interno es crucial para desarrollar un programa que no sólo satisfaga las necesidades actuales de la organización, sino que también esté preparado para las demandas futuras. En el próximo capítulo, **"ENDOMARKETING PARA DIFERENTES GENERACIONES"**, exploraremos cómo adaptar las estrategias de marketing interno para satisfacer las expectativas y necesidades de una fuerza laboral diversa, garantizando que las iniciativas de participación sean inclusivas y efectivas para todos los empleados, independientemente de su generación. que pertenecen.

ENDOMARKETING PARA DIFERENTES GENERACIONES

En un entorno laboral cada vez más diverso, con varias generaciones trabajando codo a codo, desde los baby boomers hasta la generación Z, adaptar las estrategias de marketing interno para satisfacer las necesidades y expectativas de cada grupo se convierte en un desafío crucial. Este capítulo explora cómo personalizar las iniciativas de marketing interno para crear un entorno inclusivo que respete y valore la diversidad generacional, promoviendo el compromiso y la colaboración entre todos los empleados.

ENTENDIENDO LAS DIFERENCIAS GENERACIONALES

Cada generación aporta sus propias experiencias, expectativas y preferencias al lugar de trabajo:

- **Baby boomers:** Valor reconocimiento de la experiencia y fidelidad a la empresa. Prefieren la comunicación directa y personal.

- **Generación X:** son independientes, valoran el equilibrio entre la vida personal y laboral y prefieren la retroalimentación directa y constructiva.

- **Generación Y (Millennials):** Buscan un propósito en el trabajo, valoran la retroalimentación continua y las oportunidades de desarrollo. Prefieren una comunicación digital, pero significativa.

- **Generación Z:** Altamente digitales, valoran la flexibilidad, la inclusión y están motivados por las misiones y el impacto social. Prefieren una comunicación rápida a través de múltiples canales digitales.

ESTRATEGIAS DE ENDOMARKETING ADAPTADA

Para involucrar efectivamente a todas las generaciones, considere:

- **Comunicación multicanal:** utilice una variedad de canales, desde reuniones en persona y llamadas telefónicas hasta plataformas digitales y redes sociales, para garantizar que los mensajes lleguen a todos de manera efectiva.

- **Programas de reconocimiento personalizados:** Desarrollar sistemas de reconocimiento que permitan la personalización, reconociendo a los empleados de una manera más significativa para cada persona, en función de sus generaciones y preferencias individuales.

- **Oportunidades de desarrollo flexibles:** Ofrecer una variedad de opciones para el desarrollo profesional y personal, desde capacitación formal hasta aprendizaje en línea, tutoría y proyectos de innovación.

- **Iniciativas de bienestar y conciliación:** implementar programas que satisfagan diversas necesidades de bienestar y conciliación, reconociendo que estas pueden variar significativamente entre diferentes generaciones.

PROMOVER LA COLABORACIÓN INTERGENERACIONAL

Fomentar el intercambio de conocimientos y experiencias entre generaciones puede enriquecer el ambiente laboral y promover una cultura de aprendizaje mutuo:

- **Grupos de trabajo diversos:** Promover la formación de equipos compuestos por miembros de diferentes generaciones para proyectos específicos, fomentando la colaboración y el intercambio de perspectivas.

- **Programas de mentoring cruzado:** Establecer programas de mentoring donde los empleados de diferentes generaciones puedan enseñar y aprender, reconociendo el valor único que cada uno aporta a la empresa.

- **Eventos y actividades inclusivos:** organice eventos que atraigan a todas las generaciones, desde talleres hasta actividades de formación de equipos y voluntariado.

MEDIR EL ÉXITO Y AJUSTAR LAS ESTRATEGIAS

- Encuestas y comentarios: realizar encuestas periódicas para comprender cómo las diferentes generaciones perciben las iniciativas de marketing interno y recopilar comentarios para realizar ajustes continuos.

- Análisis de participación: monitorear la participación por grupo de edad para evaluar el impacto de las estrategias adaptadas e identificar oportunidades de mejora.

Ajustar las estrategias de marketing interno para adaptarlas a las diferentes generaciones es esencial para crear un ambiente de trabajo armonioso y productivo. En el próximo capítulo, **"SOSTENIBILIDAD Y ENDOMARKETING"**, exploraremos cómo se pueden integrar las iniciativas de sostenibilidad en el marketing interno, alineando los valores de la empresa con la creciente demanda de prácticas ecológicas y responsabilidad social, y cómo esto puede servir para involucrar aún más a los empleados de todas las generaciones. .

SOSTENIBILIDAD Y ENDOMARKETING

Integrar la sostenibilidad en las estrategias de marketing interno no sólo responde a la creciente demanda de responsabilidad ambiental y social, sino que también involucra a los empleados en un propósito común que trasciende los objetivos puramente comerciales de la empresa. Este capítulo analiza cómo alinear las iniciativas de marketing interno con prácticas sostenibles, promoviendo una cultura corporativa que valore las contribuciones positivas al planeta y la sociedad.

LA RELEVANCIA DE LA SOSTENIBILIDAD EN EL ENTORNO CORPORATIVO

Las prácticas de sostenibilidad pueden reforzar la imagen de la empresa, mejorar la satisfacción de los empleados y atraer nuevos talentos, especialmente aquellos que valoran la responsabilidad ambiental y social. Además, las empresas sostenibles suelen experimentar una mayor eficiencia operativa y ahorros de costes a largo plazo.

ESTRATEGIAS DE ENDOMARKETING PARA PROMOVER LA SOSTENIBILIDAD

Para integrar eficazmente la sostenibilidad en sus estrategias de marketing interno, considere los siguientes enfoques:

- **Comunicación de políticas y prácticas sostenibles:** Utilizar canales internos para informar a los empleados sobre las políticas de sostenibilidad de la empresa, incluidos los objetivos, las prácticas adoptadas y los avances alcanzados.

- **Fomentar la participación en iniciativas sostenibles:** Promover y facilitar la participación de los empleados en programas de sostenibilidad, como reciclaje, reducción de residuos y proyectos de voluntariado medioambiental.

- **Capacitación y educación:** Ofrecer capacitación y talleres sobre prácticas sustentables, destacando cómo cada empleado puede contribuir a los objetivos de sustentabilidad en el trabajo y en el hogar.

INVOLUCRAR A LOS EMPLEADOS EN PRÁCTICAS SOSTENIBLES

Para maximizar la participación de los empleados en las iniciativas de sostenibilidad:

- **Retos y concursos:** organizar retos de sostenibilidad, incentivando a los empleados a adoptar prácticas más verdes y premiando las contribuciones más significativas.

- **Reconocimiento público:** Celebrar acciones y proyectos de sostenibilidad liderados por los empleados, reconociendo su esfuerzo y dedicación en comunicaciones internas y eventos.

- **Creación de embajadores de sostenibilidad:** formar un grupo de embajadores de sostenibilidad dentro de la empresa para dar ejemplo e inspirar a otros empleados a involucrarse.

MEDICIÓN DEL IMPACTO DE LAS INICIATIVAS DE SOSTENIBILIDAD

Mida el éxito de sus iniciativas de sostenibilidad a través de:

- **Encuestas de compromiso:** Realizar encuestas para comprender el impacto de las iniciativas de sostenibilidad en el compromiso de los empleados y la percepción de la empresa.

- **Análisis de resultados ambientales:** Monitorear métricas ambientales específicas, como reducción del consumo de agua y energía, reducción de residuos y aumento de la tasa de reciclaje.

- **Comentarios de los empleados:** recopilar comentarios continuos sobre los programas de sostenibilidad para ajustar y mejorar las iniciativas.

La adopción de prácticas sostenibles refuerza el compromiso de la empresa con el futuro del planeta y promueve un sentimiento de propósito entre los empleados. En el próximo capítulo, "**EL**

ARTE DE ESCUCHAR EN ENDOMARKETING", nos centraremos en la importancia de escuchar activamente a los empleados como parte fundamental de las estrategias de marketing interno. La capacidad de escuchar y responder a las necesidades y comentarios de los empleados es esencial para crear un ambiente de trabajo positivo y productivo, donde todos se sientan valorados y parte integral del éxito de la empresa.

EL ARTE DE ESCUCHAR EN ENDOMARKETING

La esencia de un marketing interno eficaz no radica sólo en comunicar e involucrar, sino también en escuchar activamente a los empleados. El arte de escuchar es fundamental para comprender las necesidades, expectativas e inquietudes del equipo, permitiendo a la empresa responder adecuadamente y construir un ambiente de trabajo que refleje los valores y objetivos compartidos por todos. Este capítulo aborda cómo implementar estrategias de escucha activa en el contexto del marketing interno para fortalecer la cultura corporativa y promover un entorno más inclusivo y productivo.

LA IMPORTANCIA DE LA ESCUCHA ACTIVA

La escucha activa en el entorno corporativo permite:

- **Identificación de necesidades no expresadas:** Los empleados suelen tener ideas o inquietudes que no se comunican a través de los canales tradicionales. La escucha activa ayuda a identificar estos problemas.

- **Fortalecer la confianza:** cuando los empleados se dan cuenta de que son escuchados, aumenta la confianza en el liderazgo y en la organización.

- **Promoción de la innovación:** Las ideas innovadoras pueden surgir desde cualquier nivel de la organización. Escuchar activamente a los empleados fomenta la creatividad y la innovación.

- **Compromiso mejorado:** los empleados que se sienten escuchados tienden a involucrarse más profundamente con los objetivos de la empresa.

ESTRATEGIAS PARA FOMENTAR LA ESCUCHA ACTIVA

Incorporar eficazmente la escucha activa en las estrategias de marketing interno:

- **Crear canales de comunicación abiertos:** Desarrollar canales donde los empleados puedan expresar sus ideas, comentarios e inquietudes de forma anónima o abierta, como buzones de sugerencias, foros de discusión y encuestas periódicas.

- **Implementación de sesiones periódicas de retroalimentación:** organizar reuniones periódicas dedicadas a la retroalimentación, donde los empleados puedan compartir sus opiniones e ideas directamente con el liderazgo.

- **Capacitación a líderes y gerentes:** Ofrecer capacitación en escucha activa a líderes y gerentes, enfatizando la importancia de comprender y responder a las necesidades del equipo.

TRANSFORMAR LA RETROALIMENTACIÓN EN ACCIÓN

Escuchar es sólo el primer paso; Es fundamental que la retroalimentación recibida se transforme en acciones concretas:

- **Análisis y respuesta a la retroalimentación:** evaluar periódicamente la retroalimentación recopilada y desarrollar planes de acción para abordar las cuestiones planteadas.

- **Comunicación de cambios:** Comunicar claramente cualquier cambio o iniciativa desarrollada en respuesta al feedback de los empleados, reforzando la idea de que la empresa valora y actúa en base a las opiniones del equipo.

- **Monitoreo de resultados:** Monitorear los resultados de las acciones implementadas, utilizándolos para ajustar continuamente las estrategias de marketing interno.

Adoptar la escucha activa como parte integral del marketing interno crea un ambiente de trabajo más transparente, inclusivo y colaborativo, donde todos los empleados se sienten valorados y parte integral del éxito de la empresa. En el próximo capítulo, **"ENDOMARKETING Y LA EXPERIENCIA DEL EMPLEADO"**, nos centraremos en cómo se pueden diseñar e implementar estrategias de marketing interno para mejorar la experiencia general de los empleados en la empresa, abarcando todo, desde la incorporación hasta el desarrollo continuo, asegurando un ambiente de trabajo que no sólo retiene el talento, sino que también lo hace prosperar.

ENDOMARKETING Y LA EXPERIENCIA DEL EMPLEADO

Mejorar la experiencia de los empleados es fundamental para retener el talento, aumentar la productividad y construir una cultura corporativa sólida. El marketing interno juega un papel crucial en este proceso, ofreciendo herramientas y estrategias para enriquecer cada etapa del recorrido del empleado dentro de la empresa. Este capítulo explora cómo utilizar el marketing interno para mejorar la experiencia de los empleados, desde el momento de la incorporación hasta el desarrollo de una carrera larga y gratificante.

ENTENDIENDO LA EXPERIENCIA DEL EMPLEADO

La experiencia del empleado abarca todos los puntos de contacto e interacciones que un empleado tiene con la empresa, incluidos:

- **Onboarding:** Proceso inicial de introducción e integración en la empresa.

- **Desarrollo profesional:** Oportunidades de crecimiento y aprendizaje dentro de la organización.

- **Ambiente de trabajo:** El ambiente cotidiano, incluyendo la cultura de la empresa, el espacio físico y las herramientas disponibles.

- **Reconocimiento y recompensa:** Cómo se reconocen y celebran el trabajo y los logros.

ESTRATEGIAS DE ENDOMARKETING PARA MEJORAR LA EXPERIENCIA

Para optimizar la experiencia de los empleados a través del marketing interno:

- **Programas de incorporación creativos:** utilice el marketing interno para crear programas de incorporación que no solo informen, sino que también involucren e inspiren a nuevos empleados, presentando la cultura de la empresa de forma interactiva.

- **Comunicación continua:** Mantener los canales de comunicación siempre abiertos y activos, asegurando que los empleados estén informados, involucrados y escuchados.

- **Desarrollo y formación:** Promover oportunidades de desarrollo profesional a través de campañas de marketing interno que fomenten la participación en formaciones, talleres y otras formas de aprendizaje.

- **Iniciativas de reconocimiento:** Crear programas de reconocimiento que celebren los logros de los empleados de manera significativa, utilizando el marketing interno para resaltar estos momentos.

CREAR UN AMBIENTE DE TRABAJO POSITIVO

El ambiente de trabajo es un componente clave de la experiencia del empleado. Las estrategias efectivas incluyen:

- **Espacios de trabajo inclusivos e inspiradores:** utilice el marketing interno para promover la importancia de un espacio de trabajo que fomente la creatividad, la colaboración y el bienestar.

- **Cultura de retroalimentación positiva:** Fomente una cultura donde la retroalimentación se vea como una herramienta para el crecimiento, destacando historias de cómo la retroalimentación ha llevado a mejoras personales y organizacionales.

- **Eventos y actividades:** Organizar eventos y actividades que refuercen la cultura de empresa y promuevan la interacción social, contribuyendo a una experiencia laboral más rica y satisfactoria.

MEDICIÓN DE LA EFICACIA Y AJUSTE DE LAS ESTRATEGIAS

Para garantizar que las iniciativas de marketing interno realmente mejoren la experiencia de los empleados:

- **Encuestas de satisfacción y compromiso:** Realizar periódicamente encuestas para evaluar la percepción de los empleados sobre su experiencia en la empresa.

- **Análisis de retroalimentación:** recopile y analice retroalimentación continua sobre diferentes aspectos de la experiencia de los empleados, utilizando esta información para ajustar y mejorar las iniciativas.

- **Indicadores de desempeño:** monitorear indicadores clave, como tasa de rotación, productividad y calidad del trabajo, para evaluar el impacto de las estrategias de marketing interno en la experiencia de los empleados.

Mejorar la experiencia de los empleados a través del marketing interno es un proceso continuo que requiere atención al detalle y un compromiso de mejora constante. En el próximo capítulo, **"INNOVACIÓN Y CREATIVIDAD EN ENDOMARKETING"**, exploraremos cómo fomentar la innovación y la creatividad dentro de las estrategias de marketing interno, asegurando que la empresa no sólo cumpla con las expectativas actuales de los empleados, sino que también se anticipe y se adapte a los cambios futuros, manteniendo su estancia. adelante en un mercado competitivo.

INNOVACIÓN Y CREATIVIDAD EN ENDOMARKETING

La innovación y la creatividad son elementos cruciales para mantener las estrategias de marketing interno dinámicas, atractivas y efectivas. Al cultivar un entorno que fomente la innovación y valore la creatividad, las empresas no sólo pueden mejorar la experiencia de los empleados, sino también fomentar un espíritu de evolución y adaptación continua. Este capítulo aborda cómo integrar la innovación y la creatividad en las iniciativas de marketing interno, fomentando la participación activa de los empleados y promoviendo una cultura organizacional vibrante.

FOMENTAR UN AMBIENTE CREATIVO

Para fomentar la innovación y la creatividad en el marketing interno es fundamental:

- **Promover la libertad de expresión:** crear un entorno seguro donde los empleados se sientan libres de compartir ideas, sugerencias y comentarios sin temor a ser juzgados.

- **Fomentar el pensamiento divergente:** Incentivar a los empleados a pensar "fuera de lo común", considerando nuevas perspectivas y enfoques inusuales ante los desafíos de la empresa.

- **Ofrecer recursos y herramientas:** Proporcionar las herramientas y recursos necesarios para que los empleados exploren sus ideas creativas, como software de diseño, espacios para el intercambio de ideas y tiempo dedicado a la innovación.

ESTRATEGIAS CREATIVAS EN ACCIÓN

La incorporación de creatividad en las campañas de marketing interno puede adoptar varias formas:

- **Campañas temáticas innovadoras:** Desarrollar campañas de marketing interno con temáticas creativas e innovadoras que capten la atención de los empleados y fomenten la participación.

- **Gamificación:** aplicar elementos de gamificación de formas nuevas y creativas para involucrar a los empleados, como concursos de innovación o desafíos de sostenibilidad.

- **Historias y narrativas:** utilice la narración para compartir éxitos, desafíos y viajes de los empleados, creando una conexión emocional y promoviendo los valores de la empresa.

FOMENTAR LA PARTICIPACIÓN DE LOS EMPLEADOS

Para que las iniciativas de innovación y creatividad tengan éxito es vital fomentar la participación activa de los empleados:

- **Talleres de creatividad:** Realizar talleres que enseñen técnicas de creatividad e innovación, incentivando a los empleados a aplicarlas en proyectos reales.

- **Espacios de innovación:** cree espacios dedicados donde los empleados puedan trabajar en ideas innovadoras, ya sea individualmente o en equipo.

- **Reconocimiento de ideas innovadoras:** Establecer programas de reconocimiento a ideas y proyectos que contribuyan significativamente a los objetivos de la empresa, valorando las aportaciones creativas.

MEDIR EL IMPACTO DE LA CREATIVIDAD Y LA INNOVACIÓN

Evaluar el éxito de iniciativas creativas e innovadoras a través de:

- **Feedback directo:** Recoger feedback de los empleados sobre iniciativas de marketing interno, preguntando concretamente sobre los aspectos más y menos efectivos a la hora de fomentar la creatividad.

- **Análisis de participación:** Monitorear los niveles de participación en las actividades propuestas, identificando qué estrategias generan mayor engagement.

- **Impacto en los resultados de la empresa:** Evaluar cómo las ideas innovadoras surgidas de estas iniciativas contribuyeron a la mejora de los procesos, productos o servicios de la empresa.

Inyectar innovación y creatividad en las estrategias de marketing interno no sólo revitaliza las iniciativas de participación, sino que también contribuye a una cultura corporativa dinámica y adaptable. En el próximo capítulo, "**LIDERAZGO Y ENDOMARKETING**", exploraremos el papel crucial de los líderes en la promoción y apoyo de iniciativas de marketing interno, destacando cómo un liderazgo efectivo puede amplificar los resultados de estas estrategias y promover un ambiente de trabajo positivo e innovador.

LIDERAZGO Y ENDOMARKETING

El liderazgo juega un papel fundamental en el éxito de las iniciativas de marketing interno. Los líderes eficaces no sólo comunican los objetivos y valores de la empresa, sino que también actúan como embajadores de la cultura organizacional, inspirando y motivando a su equipo a comprometerse plenamente. Este capítulo aborda la importancia del liderazgo en el contexto del marketing interno, ofreciendo estrategias para que los líderes promuevan un ambiente de trabajo positivo e innovador.

EL PAPEL DE LOS LÍDERES EN EL ENDOMARKETING

Los líderes eficaces son esenciales para:

- **Modelo de cultura organizacional:** A través de sus acciones y decisiones, los líderes demuestran los valores de la empresa, sirviendo como modelos a seguir por los empleados.

- **Comunicar la visión y los objetivos:** los líderes articulan claramente la visión y los objetivos de la empresa, asegurando que todos los miembros del equipo comprendan su papel en el éxito organizacional.

- **Fomentar el compromiso:** a través del reconocimiento y el apoyo al desarrollo profesional, los líderes fomentan la participación activa y el compromiso de los empleados.

ESTRATEGIAS PARA LÍDERES PARA FORTALECER EL ENDOMARKETING

Para maximizar el impacto positivo del liderazgo en marketing interno:

- **Desarrollo de habilidades comunicativas:** Los líderes deben mejorar constantemente sus habilidades comunicativas, asegurando que los mensajes se transmitan de manera efectiva y empática.

- **Promoción de iniciativas de marketing interno:** Los

líderes deben estar a la vanguardia de las iniciativas de marketing interno, participando activamente y animando a su equipo a hacer lo mismo.

- **Crear espacios de retroalimentación:** Establecer canales de retroalimentación bidireccional, donde los empleados se sientan libres de expresar ideas, inquietudes y sugerencias.

- **Reconocimiento público:** Adoptar prácticas de reconocimiento público, valorando las contribuciones de los empleados y reforzando la importancia de cada individuo para el éxito de la empresa.

SUPERAR LOS DESAFÍOS DEL LIDERAZGO

Algunos desafíos que los líderes pueden enfrentar incluyen:

- **Resistencia al cambio:** Los líderes pueden trabajar para superar la resistencia, demostrando los beneficios de las iniciativas de marketing interno e involucrando al equipo en el proceso de cambio.

- **Mantener la autenticidad:** Los líderes deben esforzarse por mantener la autenticidad, asegurando que las acciones y comunicaciones reflejen genuinamente los valores y la cultura de la empresa.

- **Adaptación a las necesidades del equipo:** Reconocer y adaptarse a las diversas necesidades del equipo, promoviendo un ambiente inclusivo y solidario.

LIDERAZGO EN ACCIÓN: HISTORIAS DE ÉXITO

Las historias de líderes que impactaron positivamente a sus equipos a través de estrategias efectivas de marketing interno pueden servir de inspiración. Ya sea a través de campañas de reconocimiento innovadoras o liderando con el ejemplo en iniciativas de sostenibilidad, estos casos resaltan cómo el liderazgo puede amplificar los resultados de las estrategias de marketing interno y promover una cultura corporativa comprometida y motivada.

El liderazgo es un componente esencial del marketing interno y actúa como catalizador del compromiso y la motivación de los empleados. En el próximo capítulo, **"CONSTRUIR UN EQUIPO DE ENDOMARKETING"**, exploraremos cómo construir un equipo dedicado dentro de la empresa para liderar y ejecutar estrategias de marketing interno, asegurando que las iniciativas sean consistentes, innovadoras y alineadas con los objetivos de la organización.

CONSTRUYENDO UN EQUIPO DE ENDOMARKETING

Para que las estrategias de marketing interno sean exitosas y sostenibles a largo plazo, es fundamental formar un equipo dedicado que pueda liderar y ejecutar estas iniciativas dentro de la empresa. Un equipo de marketing interno eficaz actúa como corazón de las operaciones de comunicación interna, garantizando que los mensajes sean coherentes, innovadores y alineados con la cultura y los objetivos de la organización. Este capítulo se centra en construir y fortalecer este equipo, destacando las habilidades, responsabilidades y mejores prácticas necesarias para maximizar su impacto.

DEFINIR EL PAPEL DEL EQUIPO DE ENDOMARKETING

El equipo de marketing interno es responsable de:

- **Desarrollar estrategias de comunicación interna:** Crear e implementar planes que promuevan la cultura de la empresa, involucren a los empleados y mejoren la experiencia laboral.

- **Coordinar campañas de marketing interno:** Gestionar campañas que alineen a los empleados con los objetivos de la empresa, utilizando herramientas creativas e innovadoras.

- **Monitorear y evaluar resultados:** Medir la efectividad de las estrategias de marketing interno, ajustándolas según sea necesario para cumplir los objetivos organizacionales.

CONSTRUYENDO UN EQUIPO EFICAZ

Para crear un equipo de marketing interno sólido, considere:

- **Diversidad de habilidades:** incluya miembros con una amplia gama de habilidades, desde comunicaciones y diseño gráfico hasta análisis de datos y psicología organizacional.

- **Alineamiento cultural:** Elija empleados que comprendan profundamente y estén alineados con la cultura de la empresa, ya que esto facilitará una comunicación auténtica y efectiva.

- **Capacidad de innovación:** buscar personas con propensión a la creatividad y la innovación, fundamental para mantener las estrategias de marketing interno dinámicas y atractivas.

MEJORES PRÁCTICAS PARA LIDERAR UN EQUIPO DE ENDOMARKETING

- **Establecer objetivos claros:** Establecer metas específicas y medibles para el equipo, asegurando que todos estén alineados con los objetivos más amplios de la organización.

- **Promover la colaboración:** Fomentar la colaboración no solo dentro del equipo, sino también con otros departamentos, para garantizar que las iniciativas de marketing interno se integren en las estrategias generales de la empresa.

- **Invertir en desarrollo profesional:** Brindar oportunidades de capacitación y desarrollo a los miembros del equipo, ayudándolos a mejorar sus habilidades y mantenerse actualizados con las últimas tendencias en comunicación interna y marketing interno.

- **Celebrar los éxitos:** Reconocer y celebrar los éxitos del equipo, reforzando el impacto positivo de sus aportaciones a la empresa.

DESAFÍOS COMUNES Y CÓMO SUPERARLOS

Crear y mantener un equipo de marketing interno eficaz puede presentar desafíos, que incluyen:

- **Restricciones presupuestarias:** buscar soluciones creativas y de bajo coste para iniciativas de marketing interno, maximizando los recursos disponibles.

- **Resistencia interna:** Trabajar para ganar el apoyo de líderes y empleados, demostrando el valor de las estrategias de marketing interno para los objetivos generales de la empresa.

- Mantener el compromiso del equipo: mantenga al equipo motivado y comprometido brindándole comentarios positivos y oportunidades de crecimiento personal y profesional con regularidad.

Un equipo de marketing interno eficaz es vital para desarrollar e implementar estrategias que fortalezcan la cultura corporativa y mejoren el compromiso de los empleados. En el próximo capítulo, **"TRANSFORMAR LA TEORÍA EN ACCIÓN"**, resumiremos los conceptos discutidos anteriormente, destacando la importancia de poner en práctica estrategias de marketing interno para transformar a los empleados desmotivados en una fuerza laboral comprometida y dedicada, y crear un ambiente de trabajo positivo y productivo. productivo.

TRANSFORMAR LA TEORÍA EN ACCIÓN

A lo largo de este libro, exploramos la amplia gama de estrategias y prácticas que conforman el universo del marketing interno. Desde la importancia de comprender la desmotivación en el lugar de trabajo hasta la creación de un equipo dedicado al marketing interno y la integración de la sostenibilidad y la innovación en iniciativas internas, cada capítulo proporcionó información valiosa para transformar la teoría en acción. Este capítulo final destaca la importancia de implementar las estrategias de marketing interno discutidas, con el objetivo de convertir a los empleados desmotivados en un equipo comprometido y dedicado, y crear un ambiente de trabajo positivo y productivo.

LA IMPORTANCIA DE ACTUAR

La teoría, por completa e inspiradora que sea, sólo tiene valor cuando se transforma en acción concreta. Cada estrategia de marketing interno analizada en este libro tiene el potencial de transformar significativamente la cultura de su empresa, pero este potencial sólo puede realizarse mediante la implementación práctica y un compromiso continuo para mejorar y adaptar las prácticas internas.

PASOS PARA LA IMPLEMENTACIÓN

- **Evalúe las necesidades de su empresa:** comience con una evaluación honesta de las necesidades y desafíos específicos de su organización. Identificar áreas de mejora en el compromiso y la comunicación interna.

- **Desarrollar un plan estratégico:** Con base en la evaluación inicial, desarrollar un plan estratégico de marketing interno que aborde las áreas identificadas. Establecer objetivos claros y medibles.

- **Moviliza a tu equipo:** Involucra a líderes y empleados en el proceso, explicando los beneficios del marketing interno y cómo puede mejorar el ambiente de trabajo para todos.

- **Ejecutar con excelencia:** Implementar las iniciativas

planificadas con atención al detalle, asegurando que cada acción esté bien comunicada y ejecutada.

- Medir y ajustar: Utilice métricas establecidas para evaluar el éxito de sus estrategias de marketing interno. Esté abierto a recibir comentarios y listo para hacer los ajustes necesarios.

MANTENER EL COMPROMISO A LARGO PLAZO

El marketing interno no es una solución rápida, sino más bien un compromiso continuo para desarrollar una cultura corporativa sólida y una fuerza laboral comprometida. Esto requiere:

- Flexibilidad y adaptación: Esté preparado para adaptar sus estrategias a medida que la empresa y el entorno laboral evolucionan.

- Inversión continua: Reconoce el marketing interno como una inversión esencial en el bienestar de tus empleados y el éxito de tu empresa.

- Cultura de mejora continua: Fomentar una cultura que valore el feedback y esté siempre buscando formas de mejorar.

MIRANDO HACIA EL FUTURO

Al convertir la teoría del marketing interno en acción, no sólo mejorará el entorno laboral actual, sino que también sentará las bases para un futuro más brillante y productivo para su empresa. Le animamos a mantenerse centrado en sus objetivos de marketing internos, celebrar sus logros y aprender de los desafíos que se presenten en el camino.

Este libro proporciona el mapa, pero el viaje es tuyo. Al embarcarse en este viaje de transformación, recuerde que el éxito del marketing interno depende no solo de las estrategias que implemente, sino, más importante aún, de la pasión, la creatividad y el compromiso que usted y su equipo aportan a estas iniciativas todos los días. . Avanza con coraje, creatividad y convicción, convirtiendo la teoría en acción y, en última instancia, la acción en un éxito duradero.

Al pasar juntos la página final de este viaje, espero sinceramente que los aprendizajes compartidos aquí hayan tocado su corazón y hayan generado nuevas perspectivas. Si este libro le ha aportado algún valor, le pido que se tome unos minutos para dejar una reseña en Amazon. Tus palabras no sólo me ayudan a crecer y perfeccionar mi oficio, sino que también guían a otros lectores en su búsqueda de conocimiento e inspiración. Tu opinión es un regalo valioso, tanto para mí como para la comunidad de lectores que buscan historias que transformen. Sinceramente les agradezco por compartir este viaje conmigo y espero que podamos volver a encontrarnos en las páginas de una nueva aventura.

REGINALDO OSNILDO

Hola, soy Reginaldo Osnildo, autor e innovador en las áreas de ventas, tecnología y estrategias de comunicación. Mi experiencia abarca desde el ámbito académico, como profesor e investigador de la Universidad del Sur de Santa Catarina, hasta ejercer como estratega en el Grupo Catarinense de Rádios. Con un doctorado en narrativas de ventas y convergencia digital, y una maestría en narración de historias e imaginario social, ofrezco a mis lectores una fusión única de teoría y práctica. Mi objetivo es aportar conocimientos en un lenguaje sencillo, práctico y didáctico, fomentando su aplicación directa en la vida personal y profesional.

Tuyo sinceramente

Reginaldo Osnildo

+55 48 991913865

reginaldoosnildo@gmail.com